티라노사우루스 렉스 vs 벨로키랍토르

또 하나의 대결 트리케라톱스 vs 스피노사우루스

이해 쏙쏙! 코너 일러두기
핵심 정보: 꼭 알아야 하는 공룡 필수 정보를 담았어요.
기본기 다지기: 공룡 정보를 익히려면 알아 두어야 하는 기초 지식을 배워요.
놀라운 사실!: 공룡의 놀라운 크기, 무게, 능력 등을 소개해요.
요건 몰랐지?: 이것까지 알면 공룡 천재! 공룡 척척박사가 되는 정보를 알려 주어요.
깜짝 질문: 공룡 공부가 더 재밌어지는 기상천외한 질문이 등장해요.

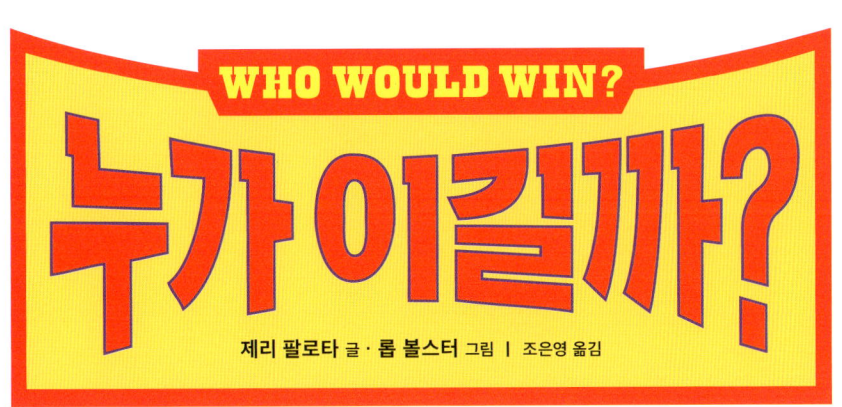

WHO WOULD WIN?
누가 이길까?

제리 팔로타 글 · 롭 볼스터 그림 | 조은영 옮김

티라노사우루스 렉스

VS

벨로키랍토르

비룡소

**공룡 시대, 지구의 진정한 지배자를 가리는 한판 승부!
사나운 두 공룡의 물러설 수 없는 대결 결과는?**

공룡이 지구를 누볐던 수천만 년 전….

사납기로 소문난 티라노사우루스 렉스와 벨로키랍토르가 마주쳤어!
어떻게 그럴 수가 있냐고? 사실 두 공룡은 서로 다른 시대에 살았고 살던 곳도 달랐는데 말이야. 그래도 한번 상상해 봐! 만약 두 공룡이 만났다면? 때마침 둘 다 배가 고파 죽을 지경이었다면? 두 공룡이 싸우면 누가 이길까? 너는 누구 편을 들 거야?

먼 옛날 지구를 지배한
공룡의 제왕

이름: 티라노사우루스 렉스(티렉스)
살던 때: 6700만~6500만 년 전
공격 기술: 물고 으스러뜨리기, 꼬리로 후려치기

티라노사우루스 렉스

8	지구에 살았던 대표 동물들
10	티라노사우루스 렉스 선수 입장!
12	미션! 티렉스 화석 캐내기
14	거대하고 단단한 골격
16	공포 그 자체, 턱과 이빨
18	티렉스에 관한 소문과 진실
20	길고 튼튼한 뒷다리

날렵하고 포악한
반전 사냥꾼

이름: 벨로키랍토르(랩터)
살던 때: 7500만~7100만 년 전
공격 기술: 갈고리발톱으로 찍고 할퀴기, 떼로 공격하기

벨로키랍토르

벨로키랍토르 선수 입장! ……………… 11
싸웠던 흔적이 그대로 ……………… 13
새와 비슷한 골격 ……………… 15
만만치 않은 이빨 공격 ……………… 17
무리 지어 공격! ……………… 19
길쭉한 갈고리발톱 ……………… 21
천하무적 앞다리 ……………… 23
곧고 단단한 꼬리 ……………… 25
벨로키랍토르의 세상이 온다면? ……………… 27

공룡은 왜 사라졌을까? ……………… 28
누가 더 유리할까? ……………… 36

지구에 살았던 대표 동물들

약 2억 년 전, 지구에는 세 종류의 거대한 동물이 살았어. 그중 하나는 하늘을 나는 **익룡**! 프테로사우루스라고도 해.

> **기본기 다지기**
> 프테로사우루스는 '날개 달린 도마뱀'이라는 뜻이야.

> **기본기 다지기**
> 플레시오사우루스는 '도마뱀과 가까운 짐승'이라는 뜻이야.

다른 한 종류는 **해양 파충류**야. 바닷속을 유유히 헤엄치고 다녔지. 대표적으로 목이 뱀처럼 긴 플레시오사우루스가 있어.

> **요건 몰랐지?**
> 바다에는 모사사우루스, 이크티오사우루스, 플리오사우루스, 노토사우루스 같은 다양한 해양 파충류들이 있었단다.

그리고 또 하나, **공룡**이 있지. 여기서 잠깐, 헷갈리면 안 돼! 익룡과 해양 파충류는
공룡이 아니야. 공룡은 날지도, 헤엄을 잘 치지도 못한다고!
공룡은 오직 땅에서 걸어 다녀.

기본기 다지기
공룡은 '무서운 도마뱀'이라는 뜻이야.

쿵쾅쿵쾅. 어떤 공룡은 두 발로 걷고,
어떤 공룡은 네 발로 걸어.

아쉽지만 지금은 익룡, 해양 파충류, 공룡 모두 만날 수 없어. 6600만 년 전에 멸종했기
때문이야. 하나도 남김없이 지구에서 모두 사라졌지.

티라노사우루스 렉스 선수 입장!

공룡 시대 슈퍼스타, 티라노사우루스 렉스야! '폭군 도마뱀'이라는 뜻이지. 줄여서 '티렉스'라고 많이들 불러. 커다란 머리, 날카로운 이빨, 굵고 튼튼한 뒷다리까지 상상만 해도 너무 무서워서 소름이 돋는다니까!

깜짝 질문
티렉스는 무슨 색이었을까? 아는 사람은 아무도 없어! 피부는 뼈보다 훨씬 부드러워서 화석으로 잘 남지 않기 때문이야.

핵심 정보
티렉스는 6700만~6500만 년 전에 살았어.

놀라운 사실!
티렉스의 앞다리는 튼튼한 뒷다리에 비해 길이가 꽤 짧아. 앙증맞아 보일 정도지. 아마 얼굴이 가려워도 앞발로 못 긁었을 거야.

벨로키랍토르 선수 입장!

슉슉, 날쌘돌이 벨로키랍토르 등장! 벨로키랍토르는 '재빠른 사냥꾼'이라는 뜻이야. 줄여서 '랩터'라고도 해. 아래 그림은 고생물학자들이 연구한 벨로키랍토르의 모습이야. 어쩐지 이름처럼 아주 날래고 재빨랐을 것 같아.

기본기 다지기
고생물학자는 화석을 통해 아주 오래전 지구에 살았던 생물들을 연구하는 사람이야.

핵심 정보
벨로키랍토르는 7500만~7100만 년 전에 살았어. 티렉스가 나타나기 훨씬 전에 살았다고. 엣헴!

미션! 티렉스 화석 캐내기

사람들이 땅속에 파묻혀 있던 티렉스 화석을 발굴하고 있어! 화석만 봐도 티렉스 덩치가 엄청났다는 게 느껴지지? 어휴, 화석을 다 캐내는 데 한참 걸렸을 거야.

기본기 다지기
화석은 먼 옛날 동물과 식물의 흔적이 땅속에 묻혀 그대로 남아 있는 거야.

놀라운 사실!
고생물학자 수전 헨드릭슨은 운전하고 가던 낡은 트럭이 고장나서 옴짝달싹 못하던 중 티렉스 화석을 발견했어. 지금까지 발견된 티렉스 화석 가운데 가장 완벽한 상태였지. 이때 발견된 화석은 그의 이름을 따서 '수'라고 부른단다.

싸웠던 흔적이 그대로

벨로키랍토르의 화석도 주로 지질학자나 고생물학자가 발견해.

기본기 다지기
지질학자는 지구를 이루는 암석과 광물, 지구가 만들어진 과정 등을 연구하는 사람이야.

놀라운 사실!
공룡이 죽으면 머리와 꼬리가 둥글게 말려. 왼쪽 공룡 화석처럼!

위 사진은 벨로키랍토르랑 프로토케라톱스가 뒤엉켜 있는 화석이야. 1971년 몽골의 고비 사막에서 발견되었지. 치열하게 싸우다가 갑자기 들이닥친 모래 폭풍 때문에 함께 모래에 파묻혔지 뭐야. 만약 모래 폭풍이 덮치지 않았다면… 누가 이겼을까?

거대하고 단단한 골격

티렉스의 몸 전체 골격이야. 고생물학자들이 흩어졌던 티렉스 뼈 화석을 찾아 조립해서 완성했지. 고생물학자들은 조립한 뼈를 보고 티렉스가 두 발로 걸었다는 사실을 알게 되었어.

요건 몰랐지?

2018년 미국 몬태나주에서 갓 태어난 새끼 티렉스의 뼈가 처음으로 발견되었어! 새끼 공룡의 화석은 그 공룡이 어떻게 성장해 가는지 알 수 있는 중요한 단서야. 티렉스 성장의 비밀도 곧 풀릴 수 있겠지?

놀라운 사실!

티렉스의 발자국은 발견되었지만, 꼬리의 흔적이 발견된 적은 없어. 그건 티렉스가 걷거나 뛸 때 꼬리를 땅에 끌지 않았다는 뜻이야.

새와 비슷한 골격

완벽하게 조립한 벨로키랍토르의 골격도 감상해 봐. 티렉스에 비하면 작고 가늘지? 움직임도 아주 가벼웠을 거야. 유후!

기본기 다지기
흩어진 뼈와 관절을 제자리에 놓아 조립한 걸 '골격 표본'이라고 해.

놀라운 사실!
어떤 고생물학자들은 벨로키랍토르의 몸에 깃털이 있었을 거라고 생각해. 최초의 새인 시조새와 골격이 비슷하게 생겼기 때문이지.

요건 몰랐지?
벨로키랍토르는 키가 1미터 남짓밖에 안 돼. 영화 「쥬라기 공원」 시리즈에 실제보다 두 배나 더 크게 나와서 알려 주는 거야. 오해하면 안 되니까!

공포 그 자체, 턱과 이빨

흐익, 칼처럼 날카로운 육식 공룡의 이빨이야! 티렉스의 커다란 턱에는 이빨이 50개도 넘게 있어. 무는 힘도 엄청나게 세서 먹잇감의 뼈까지 와그작 으스러뜨릴 수 있지. 사자가 무는 힘보다 15배나 강하다고 해.

기본기 다지기
다른 공룡이나 동물을 잡아먹고 살던 공룡을 육식 공룡이라고 해.

놀라운 사실!
지금까지 발견된 티렉스의 이빨 중 가장 긴 것은 30센티미터나 돼.

그런데 티렉스는 엄청난 덩치에 비해 뇌는 아주 작아. 사람의 뇌보다 8배 더 작대!

만만치 않은 이빨 공격

벨로키랍토르도 육식 공룡이라서 이빨이 아주 날카로워. 또 안쪽으로 구부러져 있어서 사냥감을 한번 물면 절대 놓치지 않지. 고기를 물어뜯기에 그만이야.

요건 몰랐지?
식물을 먹고 살던 초식 공룡은 이빨이 납작한 조각칼처럼 생겼어.

핵심 정보
벨로키랍토르의 입 안에는 날카로운 이빨이 약 80개나 나 있어.

벨로키랍토르는 몸집에 비해 뇌가 커. 그리고 공룡 가운데 가장 똑똑한 녀석으로 꼽히지. 엣헴!

티렉스에 관한 소문과 진실

티렉스는 아주 거칠고 사납기로 유명해. 거대한 덩치, 날카로운 이빨, 강력한 턱까지 땅에서 사는 모든 동물을 잡아먹을 수 있는 최강 사냥꾼의 조건을 다 갖추었지.

놀라운 사실!
티렉스의 앞다리는 고작 1미터야! 1.5미터인 자기 머리 길이보다 짧아.

예전에 어떤 고생물학자는 티렉스가 죽은 동물을 먹고 살았다고 생각했어. 살아 있는 동물을 사냥하기에는 앞다리가 너무 짧고 몸이 무겁다는 게 이유였지. 하지만 이 주장은 받아들여지지 않았어. 다른 고생물학자들이 티렉스는 턱 힘만으로도 먹잇감을 사냥하기에 충분했고, 뒷다리로 성큼성큼 걸어가 먹잇감에게 달려들었을 거라고 주장했거든. 공룡의 제왕에게 시체 청소부라니…. 티렉스가 오해받을 뻔했잖아!

무리 지어 공격!

벨로키랍토르는 주로 작은 공룡이나 동물을 잡아먹어. 하지만 큰 공룡이라고 방심은 금물! 날쌘 몸으로 무리 지어 공격하면 자기 몸집보다 더 큰 동물도 가뿐하게 사냥할 수 있어. 천둥 같은 소리를 내며 우르르 몰려가 공격하면 진짜 무섭겠지?

요건 몰랐지?
벨로키랍토르처럼 무시무시한 발톱을 가진 데이노니쿠스와 유타랍토르도 무리 지어 사냥했어.

핵심 정보
벨로키랍토르는 사냥감 주변에 숨어 있다가 재빠르게 덮치는 공격 기술을 펼쳤어.

길고 튼튼한 뒷다리

쿵! 쿵! 쿵! 이게 무슨 소리야? 저 멀리서 티렉스가 걸어오는 소리! 티렉스는 튼튼한 두 개의 뒷다리로 엄청난 몸무게를 버티며 걸어 다녀. 땅이 울리면 다른 동물들은 티렉스가 나타났다는 걸 눈치채고 후다닥 도망쳤을 거야.

깜짝 질문

오른쪽 동물들과 비교했을 때 티렉스의 발은 어떤 것과 닮아 보여? 바로 닭의 발이야. 닭과 티렉스의 뒷발에는 각각 발가락이 4개씩 있단다.

말의 발

나무늘보의 발

코뿔소의 발

닭의 발

사람의 발

길쭉한 갈고리발톱

티렉스와 달리 벨로키랍토르는 걸을 때 소리가 잘 안 나. 먹잇감이 나타나면 발끝으로 살금살금 다가가서는 확 덮쳐 버리지. 벨로키랍토르의 뒷발에는 9센티미터나 되는 구부러진 발톱도 달려 있어. 벨로키랍토르는 이 발톱으로 뭘 했을까?

최고의 사냥 무기 #1

고생물학자들은 벨로키랍토르가 낫처럼 휘어진 발톱으로 사냥감을 찍고 잘라 먹었을 거라 생각해.

나무 타기 도구 #2

어떤 고생물학자들은 벨로키랍토르가 발톱을 이용해서 나무를 탔을 거라고 주장해. 나뭇가지를 단단히 움켜쥐는 데 갈고리발톱이 꽤 쓸모 있었을 거라고 본 거야.

귀여운 앞다리

티렉스의 앞발에는 발가락이 2개씩 있어. 뒷다리보다는 약하지만 앞다리에도 근육이 많아서 꽤 힘이 셌지. 그래도 너무 짧아서 만약 공룡 시대에 스포츠가 있었다면, 축구는 잘해도 농구는 좀 서툴렀을 거야.

천하무적 앞다리

놀라운 사실!
벨로키랍토르의 앞다리는 뒷다리만큼 무시무시하게 생겼어. 앞발에도 뒷발처럼 길고 날카로운 갈고리발톱이 있지. 흐익!

핵심 정보
길고 빠르고 강력한 벨로키랍토르의 앞다리는 먹잇감을 사냥하기에 딱이야. 사냥감을 발견하면 긴 발톱으로 순식간에 찔러 죽였지. 덜덜.

벨로키랍토르의 앞발에는 발가락이 3개씩 있어.
가운데 발가락이 가장 길고, 첫 번째 발가락이 가장 짧아.

길고 굵은 꼬리

깜짝 질문
공룡 중에서 가장 먼저 이름이 생긴 공룡은 뭐게? 바로 메갈로사우루스!

놀라운 사실!
티렉스는 걸을 때 꼬리로 균형을 잡아. 무거운 머리와 몸통을 버티려면 꼬리도 꽤나 튼튼하겠지?

티렉스는 꼬리를 무기로도 사용해. 굵직한 꼬리를 채찍처럼 붕붕 휘두르면 아무도 다가가지 못할 거야.

곧고 단단한 꼬리

> **요건 몰랐지?**
> 유타랍토르는 벨로키랍토르의 친척뻘이야. 생김새가 꽤 비슷한데 덩치는 벨로키랍토르보다 훨씬 커.

개성 만점 공룡 꼬리

안킬로사우루스
곤봉 모양

폴라칸투스
가시 모양

스테고사우루스
뿔 모양

벨로키랍토르도 길쭉하고 곧은 꼬리를 이용해서 걸을 때나 빠르게 방향을 틀 때 몸의 중심을 잡아.

만약 티렉스가 살아 있다면?

아마 티렉스는 길을 건너기 전에 좌우를 살피지 않았을 거야. 자기가 제일 강하다며 자동차쯤은 얕잡아 봤겠지?

운전하면서 문자 메시지를 보내는 건 물론,

스케이트보드도 거침없이 탔겠지. 조심해, 티렉스!

벨로키랍토르의 세상이 온다면?

벨로키랍토르가 살아 있다면 어땠을까? 한번 상상해 보자. 벨로키랍토르는 밥도 먹지 않고 잠도 안 자면서 컴퓨터 게임만 했을지 몰라.

나무 위에 올라가는 걸 좋아했지만, 내려오는 법을 몰라서 쩔쩔맸겠지. 으아앗, 떨어질 것 같아.

우주에서 날아온 외계인이 작지만 강력한 벨로키랍토르를 연구하겠다며 몽땅 잡아가 버리지 않을까?

공룡은 왜 사라졌을까?

공룡이 지구에서 사라진 이유는 아직 비밀에 싸여 있어. 그래서 고생물학자마다 공룡이 멸종한 이유에 대해 다양한 의견을 주장하고 있단다.

소행성과 부딪혀서?

우주를 떠다니던 거대한 돌덩이인 소행성이 지구와 쾅 부딪히면서 공룡이 전부 죽었을지도 몰라. 지금은 이 주장이 가장 인정받고 있어.

알 도둑 때문에?

공룡보다 작지만 교활한 동물이 나타나서 공룡의 알을 모두 먹어 치웠을 수도 있지!

우당탕탕 집안싸움으로?

덩치 큰 공룡들이 작은 동물들을 다 먹어 버리고 더 이상 먹이를 못 구해서 서로 잡아먹은 거 아니야?

화산이 펑 터져서?

화산이 분화*하고 화산재와 그을음이 공기 중에 퍼지면서 햇빛을 다 가려 버렸을 수도 있어.
햇빛을 못 쬐어서 식물들이 자라지 못하자 초식 공룡이 먼저 굶어 죽었겠지.
그다음 육식 공룡이 굶어 죽는 건 시간문제였을 거야.

빙하기가 와서?

온 세상이 꽁꽁 얼어붙은 얼음 왕국이 되었을 수도 있어.

세균의 공격을 받아서?

새로운 전염병이나 바이러스가 공룡을 병들어 죽게 했을 수도 있어.

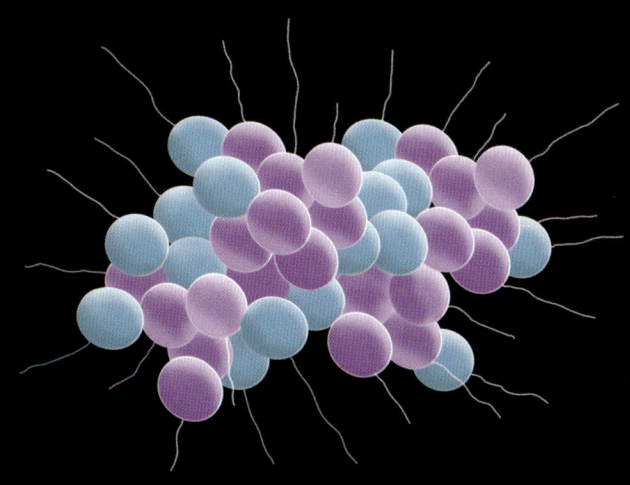

*분화: 땅속에 녹아 있던 마그마가 열과 압력을 받아 땅 밖으로 분출하거나 폭발하는 것.

최강 공룡 대결!

핵심 정보
여기서 잠깐! 티렉스는 몸길이가 약 13미터, 키는 약 4미터야. 몸무게는 7000킬로그램이나 나가.

티렉스와 벨로키랍토르의 대결이 공정해 보이지 않는다고? 그렇긴 해. 티렉스의 몸집이 벨로키랍토르보다 훨씬 크니까. 그런데 벨로키랍토르는 티렉스를 상대해도 전혀 겁먹지 않아. 아무래도 벨로키랍토르에게 비밀 무기가 있는 게 틀림없어.

거대한 티렉스가 코웃음을 치며 벨로키랍토르에게 덤벼들었어. 그런데 벨로키랍토르가 잽싸게 피하더니 티렉스 등에 올라타는 게 아니겠어? 그러고는 순식간에 길고 날카로운 갈고리발톱으로 티렉스 몸을 할퀴었지. 화가 난 티렉스가 몸을 거칠게 흔들자 벨로키랍토르가 확 공중으로 튕겨져 나갔어.

핵심 정보

벨로키랍토르의 몸길이는 약 2미터야. 키는 많이 커 봤자 1미터밖에 안 된다고 했지? 초등학교 1학년 어린이보다 작다고. 몸무게도 고작 15~25킬로그램 정도 나가.

꾸우우우웩!

하핫, 하지만 이대로 물러설 벨로키랍토르가 아니야! 벨로키랍토르는 티렉스의 꼬리에 척 올라타 기다란 발톱으로 티렉스를 마구 찔러 댔어. 하지만 어림없었어. 티렉스가 꼬리를 붕 휘두르자 벨로키랍토르는 다시 바닥으로 나동그라지고 말았지.

끼익! 끼익!

이게 무슨 소리야? 벨로키랍토르가 찢어질 듯한 괴성을 지르기 시작했어.
하지만 폭군 도마뱀 티렉스는 비명 따위 아랑곳하지 않고 공격을 퍼부었지.
끼익! 끼익! 벨로키랍토르는 계속 비명을 질렀어.

이대로 싸움이 끝나려던 순간, 우르르 발소리가 들렸어. 벨로키랍토르의 지원군이 도착한 거야. 무리에게 보낸 '끼익' 신호가 잘 전달된 모양이야. 하지만 티렉스는 먼저 온 지원군 중 한 마리의 머리를 발로 밟더니 보란 듯이 집어삼켰어. 역시 최강 티렉스를 쓰러뜨리는 건 불가능한 걸까?

크아아악!

글쎄, 아직 포기하긴 일러! 한 마리, 두 마리, 세 마리… 열 마리도 넘는 벨로키랍토르 떼가 동시에 티렉스를 공격하자 상황이 달라졌지. 결과가 뻔할 것 같았던 싸움은 곧 치열한 전투가 되었어.

벨로키랍토르들은 하나같이 티렉스의 몸에 들러붙어서 발톱으로 티렉스를 찌르고 할퀴며 상처를 냈어. 티렉스는 몸을 세차게 흔들며 벨로키랍토르들을 뿌리쳤지. 하지만 얼마 안 가 쿵 소리가 나더니 마침내 티렉스가 땅바닥에 쓰러지고 말았어. 아무리 힘센 공룡이라도 무리와 싸우는 건 쉽지 않은가 봐.

일대일로 대결했다면 당연히 티렉스가 벨로키랍토르를 가볍게 제압했을 거야. 하지만 자연에서 일어나는 싸움은 늘 공정한 조건에서 벌어지지 않는 법이란다.

누가 더 유리할까?

아래 체크 리스트의 각 항목을 보고, 더 강한 공룡에 체크(∨) 표시해 봐!

티라노사우루스 렉스 　　　**벨로키랍토르**

☐	이빨	☐
☐	뇌	☐
☐	뒷다리	☐
☐	앞다리와 발톱	☐
☐	꼬리	☐
☐	몸길이	☐
☐	몸무게	☐

★ **찾아보자!** 이빨·뇌 16~17쪽, 뒷다리 20~21쪽, 앞다리와 발톱 22~23쪽, 꼬리 24~25쪽, 몸길이·몸무게 30~31쪽

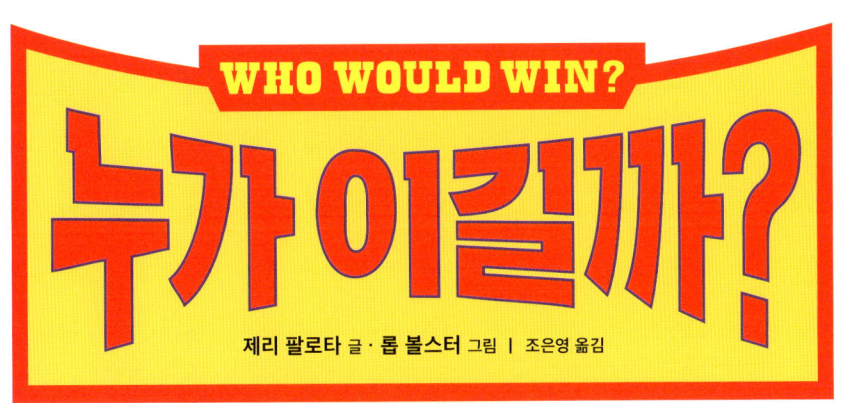

제리 팔로타 글 · 롭 볼스터 그림 | 조은영 옮김

트리케라톱스

VS

스피노사우루스

초식 공룡 트리케라톱스와 육식 공룡 스피노사우루스의 대결!
결과는 뻔하다고? 과연 그럴까?

트리케라톱스와 스피노사우루스도 서로 다른 시대에 살았어. 스피노사우루스가 트리케라톱스보다 수천만 년은 먼저 살았지. 그런데 만약에 말이야. 배고픈 스피노사우루스 앞에 초식 공룡 트리케라톱스가 딱 나타난다면? 과연 트리케라톱스는 무시무시한 스피노사우루스에게 꼼짝없이 당할까? 아니면 맞서 싸울까? 어떤 공룡이 승리할지 궁금하지 않아?

방어가 최고의 공격!
세 뿔 얼굴 공룡

이름: 트리케라톱스
살던 때: 6800만~6500만 년 전
공격 기술: 거대한 뿔이 달린 머리로 들이받기

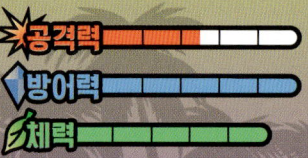

트리케라톱스

44	트리케라톱스 선수 입장!
46	공룡이 지구에 살았던 흔적
48	전자 장비로 화석을 찾는다고?
50	트리케라톱스의 거대한 덩치
52	화석 수집가들의 화석 전쟁
54	강력하고 거대한 머리와 뿔
56	얼굴에 뿔이 달린 공룡들
58	알록달록 트리케라톱스?
60	공룡 알 발견!
62	의외의 달리기 선수 / 쿵쿵, 공룡 발자국
64	단단한 방어 무기
66	최강 공룡 대결!

동물 소개 · 차례

치솟은 등뼈로 더 거대하게!
천하무적 수중 사냥꾼

이름: 스피노사우루스
살던 때: 1억 1200만~9700만 년 전
공격 기술: 날카로운 이빨로 물고 긴 발톱으로 찢기

스피노사우루스

스피노사우루스 선수 입장! ……… 45
공룡 화석이 발견되는 곳 ……… 47
화석을 캐내는 유일한 방법 ……… 49
스피노사우루스의 엄청난 몸집 ……… 51
화석 전쟁이 남긴 것 ……… 53
높게 치솟은 등뼈 ……… 55
몸집이 다양한 육식 공룡 ……… 57
화려한 무늬의 스피노사우루스? ……… 59
새끼 공룡을 찾아라! ……… 61
스피노사우루스의 스피드 / 꼬리 흔적은 어디에? ……… 63
대단한 공격 무기……… 65

누가 더 유리할까? ……… 72

트리케라톱스 선수 입장!

트리케라톱스는 '세 개의 뿔이 달린 머리'라는 뜻이야. 이름대로 뿔과 머리 크기가 엄청나단다. 어쩐지 코뿔소랑 비슷하게 생긴 것 같지 않아? 참, 트리케라톱스는 네 발로 걸어 다닌 초식 공룡이야. 입은 앵무새 부리처럼 생겼어.

놀라운 사실!
공룡 중 머리가 크기로 소문 난 토로사우루스도 머리에 세 개의 뿔이 달려 있어.

기본기 다지기
파충류인 공룡은 모두 다리가 몸통에서 아래쪽으로 뻗어 몸을 받치고 있어. 오늘날 파충류의 모습과는 조금 달라.

요건 몰랐지?
오늘날 파충류는 몸통 옆에 다리가 달려 있지. 악어처럼!

트리케라톱스는 몸집에 비해 꼬리는 그다지 길지 않아. 튼튼한 네 개의 다리로 충분히 균형을 잡을 수 있거든.

스피노사우루스 선수 입장!

스피노사우루스는 '가시 도마뱀'이라는 뜻이야. 등에 가시처럼 높이 솟은 뼈 때문이지. 이 등뼈는 바람을 받아 배를 나아가게 하는 돛처럼 생겨서 '돛'이라고 부르기도 해. 스피노사우루스는 두 발로 걸어 다니는 육식 공룡이란다.

놀라운 사실!
스피노사우루스는 육식 공룡 중에 몸길이가 가장 길어. 15미터를 훌쩍 넘지.

핵심 정보
부채처럼 생긴 스피노사우루스의 거대한 등뼈는 무려 1.8미터까지 솟아올랐어.

스피노사우루스는 주로 물가나 습지에서 살아. 물에서 헤엄치다가 악어처럼 생긴 길고 힘센 턱으로 물고기를 덥석 물어 잡아먹지.

공룡이 지구에 살았던 흔적

사람들은 먼 옛날 지구에 공룡이 살았는지 어떻게 알았을까? 지금 지구에 사는 동물보다 훨씬 커다란 동물의 뼈를 땅속에서 발견했거든. 이렇게 먼 옛날 동물과 식물의 흔적이 돌이나 땅속에 남아 있는 걸 화석이라고 해. 또 이 화석으로 오래전 생물을 연구하는 사람을 고생물학자라고 하지. 기억하지?

고생물학자들이 땅속에 묻힌 공룡 화석을 발굴하고 있어. 하지만 묻혀 있는 상태에서는 어떤 공룡인지 알 수 없지. 발굴한 화석을 조립하고 연구해야만 어떤 공룡인지 알아낼 수 있단다. 만약 몸의 일부만 발견된다면 어떤 공룡인지 정확히 알기 어려워.

핵심 정보
1887년 봄, 미국 콜로라도주에서 트리케라톱스 뿔 화석이 처음 발견되었어.

요건 몰랐지?
트리케라톱스는 최초로 화석이 발견되고 2년 뒤에 이름이 생겼어. 고생물학자들이 2년 동안 어떤 공룡인지 연구한 거야.

공룡 화석이 발견되는 곳

먼 옛날의 건물과 도시를 찾으려고 땅을 파다가 공룡 화석을 발견하기도 해. 여기서 잠깐 상식! 땅속에서 고대 건물과 도시를 발굴하고 그 시대에 살았던 사람들과 문화를 연구하는 학문을 고고학이라고 한단다. 그럼 고고학을 연구하는 사람은? 고고학자라고 하지. 인류의 과거를 밝히는 탐정이라고나 할까? 고생물학자와는 달라.

만약 땅속에서 아직 이름이 알려지지 않은 새로운 공룡을 발견했다면 너는 어떤 이름을 지어 줄래? 좋아하는 사람의 이름을 넣어도 되고, 공룡 화석의 특징을 나타내는 낱말을 넣어도 좋아. 엄마사우루스나 대왕머리토르처럼!

핵심 정보
스피노사우루스의 화석은 1912년 이집트에서 처음으로 발견되었어. 화석을 전부 발굴하는 데 4년이나 걸렸다지 뭐야.

전자 장비로 화석을 찾는다고?

과학 기술이 발달한 오늘날에는 인공위성이나 음파 탐지기 같은 전자 장비를 사용해서 땅속에 묻혀 있는 공룡의 뼈를 찾기도 해.

인공위성
인공위성으로 지구에 전파를 쏘면…

음파 탐지기
과학자가 음파 탐지기로 땅속에 초음파를 보내면…

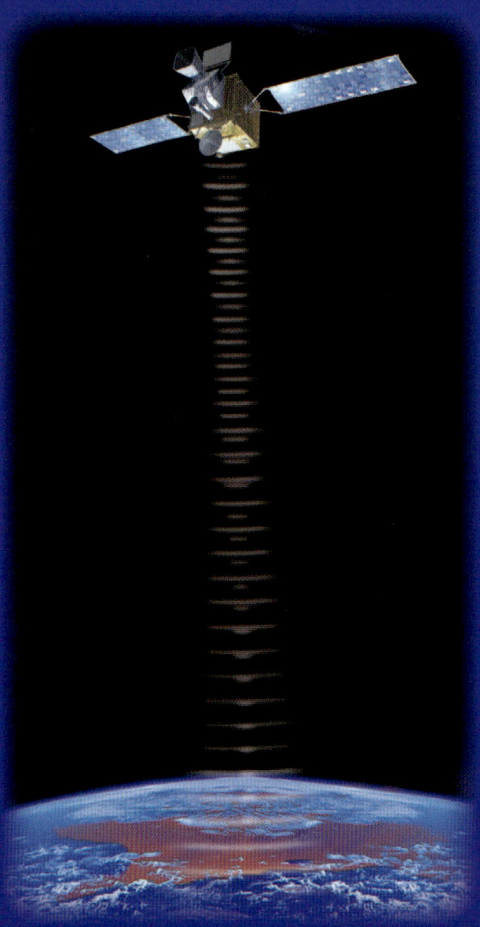

전파와 초음파가 땅속에 있는 물체에 반사되어 돌아오기 때문에 얼마나 깊은 곳에 무엇이 있는지 알 수 있어!

요건 몰랐지?
인공위성과 음파 탐지기로 석유나 천연가스 같은 자원이 묻힌 곳도 찾을 수 있어!

화석을 캐내는 유일한 방법

아무리 과학 기술이 발달했어도 사람의 손으로 직접 해야만 하는 일도 있어. 직접 땅을 파서 화석을 발굴하는 일처럼 말이야. 화석 발굴의 첫 단계가 뭘까? 곡괭이, 삽, 모종삽 등으로 땅 파기야!

단단한 땅을 파는 도구 / **흙을 퍼내는 도구** / **흙을 털어 내는 도구**

화석은 아주 작은 조각에도 중요한 정보가 들어 있어. 그래서 화석이 망가지지 않게 붓이나 솔 같은 도구로 조심스럽게 다루어야 하지. 작은 조각에 담긴 중요한 정보를 놓치지 않으려면 돋보기는 필수야!

관찰 도구

1. 스케일러
2. 작은 곡괭이
3. 곡괭이
4. 지질 망치
5. 모종삽
6. 삽
7. 페인트 붓
8. 빗자루
9. 철사로 만든 솔
10. 칫솔
11. 공책과 필기도구
12. 양동이
13. 체
14. 줄자
15. 실, 말뚝
16. 돋보기
17. 확대경
18. 카메라

*각 도구의 쓰임이 궁금하면 73쪽을 참조해 봐!

트리케라톱스의 거대한 덩치

트리케라톱스는 몸집이 엄청 커! 몸길이 최대 9미터, 키 약 3미터에, 몸무게는 12톤이나 나가지. 상상이 안 된다고? 코끼리보다도 큰 거야!

트리케라톱스

놀라운 사실!
트리케라톱스는 오늘날 지구에서 가장 무거운 육지 동물인 아프리카코끼리보다도 몸집이 컸어. 자, 이제 트리케라톱스가 얼마나 컸는지 알겠지?

기본기 다지기
1톤은 1000킬로그램이야. 그렇다면 12톤은? 12,000킬로그램이지!

어른

코끼리

요건 몰랐지?
2021년, 미국의 한 화석 수집가가 몸길이 7미터가 넘는 트리케라톱스 화석을 약 91억 원에 샀어. 지금까지 최고 금액이래!

스피노사우루스의 엄청난 몸집

스피노사우루스는 얼마나 클까? 몸길이 약 14미터, 키 약 5미터에, 몸무게는 최대 7.4톤까지 나가. 기린보다 키가 크고, 혹등고래만큼 몸이 길지. 어떤 공룡도 함부로 덤비지 못했을 거야.

깜짝 질문
두 번째로 이름을 갖게 된 공룡은?
이구아노돈! 최초로 발견된 초식 공룡이야.

스피노사우루스

유치원생

기린

놀라운 사실!
공룡이라고 몸집이 다 거대한 건 아니야. 콤프소그나투스는 유치원에 다니는 어린이보다도 몸집이 작았단다.

화석 수집가들의 화석 전쟁

1800년대 말, 세계적으로 유명한 화석 수집가 오스니얼 마시와 에드워드 코프가 있었어. 둘은 원래 친구였어. 그런데 화석 발굴 경쟁이 점점 심해져 서로에게 도를 넘기 시작했어. 서로의 화석을 훔치고, 화석 발굴 현장을 부수는 짓까지 벌였지. 결국 둘은 원수처럼 서로를 아주 미워하게 되었어.

핵심 정보
두 사람은 136종의 새로운 공룡을 발견했어.

요건 몰랐지?
마시와 코프는 공룡 알과 새끼 공룡의 화석은 하나도 찾지 못했어.

이 치열했던 화석 전쟁의 승리자는 누구였을까? 새롭게 찾아낸 공룡 수만 보면 마시의 승리야! 마시는 80종, 코프는 56종을 발견했단다.

화석 전쟁이 남긴 것

마시는 예일대학교 자연사 박물관에서, 코프는 필라델피아 자연사 박물관에서 일하면서 화석을 찾으러 다녔어. 두 사람이 발견한 공룡들을 소개할게!

알로사우루스

핵심 정보
알로사우루스는 큰 머리와 긴 발톱이 특징인 육식 공룡이야.

핵심 정보
브론토사우루스는 목이 긴 초식 공룡이야.

브론토사우루스

핵심 정보
초식 공룡 스테고사우루스는 머리부터 꼬리까지 커다란 골판이 나 있어.

스테고사우루스

마시와 코프가 발굴한 화석은 대부분 미국 서부의 와이오밍주, 유타주, 콜로라도주에서 발견되었어.

와이오밍주, 유타주, 콜로라도주

미국

강력하고 거대한 머리와 뿔

세 개의 뿔과 넓은 프릴이 달린 머리뼈, 튼튼한 다리를 자랑하는 트리케라톱스의 골격이야. 북아메리카에서 발견되었어.

핵심 정보
트리케라톱스는 윗니와 아랫니로 식물을 가위로 자르듯 잘라서 먹어. 아무리 질긴 식물도 거뜬하지!

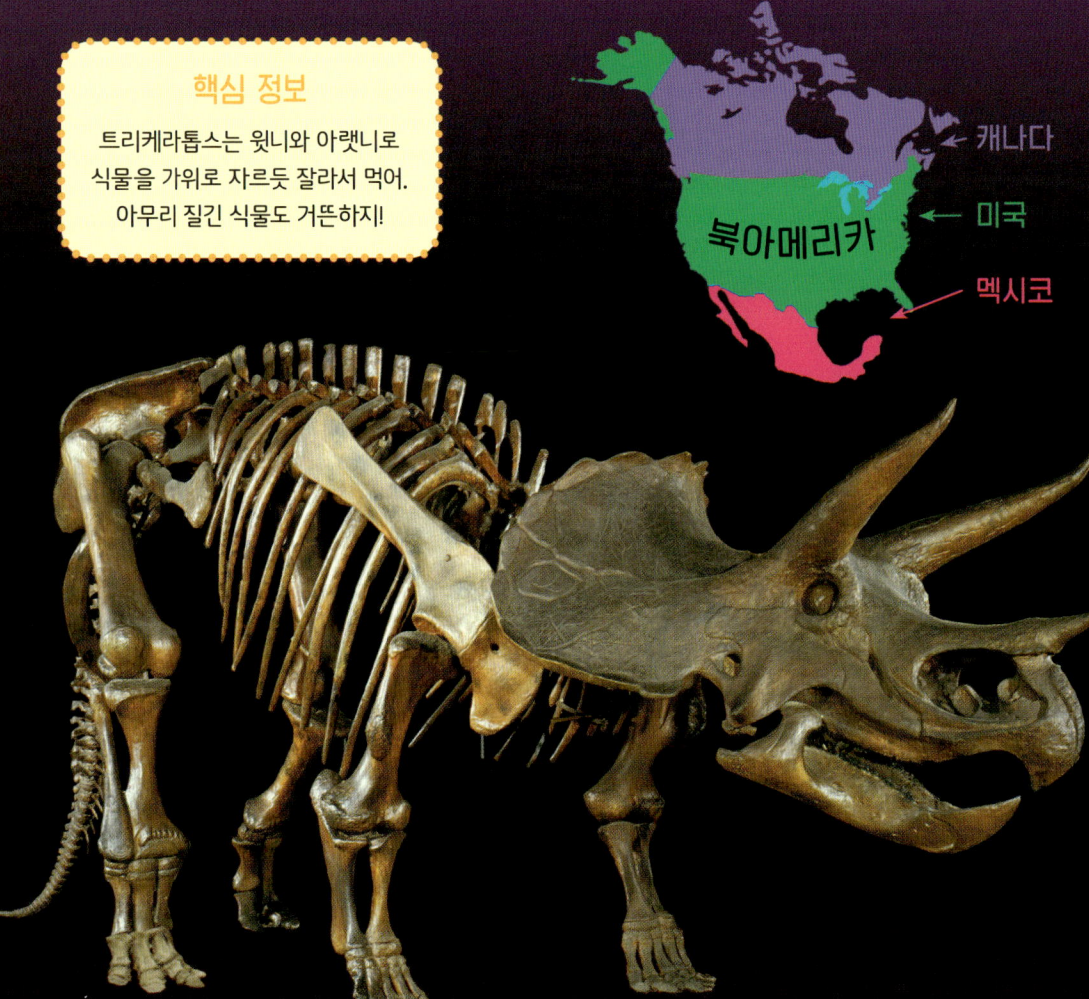

프릴이 뭐냐고? 트리케라톱스 머리에 물결 모양으로 달려 있는 뼈를 부르는 말이야. 트리케라톱스에게 왜 프릴이 있는 걸까? 사나운 육식 공룡의 공격을 방어하기 위해, 짝짓기 할 때 상대를 유혹하려고 등 다양한 이유로 추측하고 있단다.

요건 몰랐지?
매머드나 고대 상어 메갈로돈처럼 지구에는 공룡 말고도 멸종한 동물이 아주 많아.

높게 치솟은 등뼈

하늘을 찌르듯 치솟은 등뼈가 매력적인 스피노사우루스의 골격이야. 아프리카의 모로코에서 발견되었어.

핵심 정보
스피노사우루스의 뼈는 몸집이 비슷한 크기의 다른 공룡들보다 가늘어.

고생물학자들은 스피노사우루스가 기다란 등뼈로 체온을 조절하거나 몸집을 더 크게 보이게 해 다른 공룡을 위협했을 거라고 생각해.

놀라운 사실!
1912년에 거의 완벽한 형태로 발견된 스피노사우루스의 화석은 제2차 세계 대전 때 파괴되고 말았어.

요건 몰랐지?
모든 동물들에게 뼈가 있는 건 아니야. 오징어, 문어, 낙지는 뼈가 없어.

얼굴에 뿔이 달린 공룡들

트리케라톱스처럼 얼굴에 뿔이 나 있고 입이 부리 모양인 초식 공룡을 '각룡류'라고 해. 각룡류에 속한 다른 공룡들을 만나 볼까?

핵심 정보
초기 각룡류인 프시타코사우루스와 렙토케라톱스는 얼굴에 뿔이 없어.

토로사우루스

프시타코사우루스

렙토케라톱스

스티라코사우루스

놀라운 사실!
스티라코사우루스는 눈 위에 뿔이 없어. 대신 프릴에 4~6개의 긴 뿔이 돋아 있지.

펜타케라톱스

몸집이 다양한 육식 공룡

스피노사우루스처럼 두 발로 걷고 다른 공룡이나 동물을 잡아먹는 공룡을 '수각류'라고 해. 날카로운 이빨과 발톱, 날렵한 몸놀림까지! 공룡 시대 최강 사냥꾼이지.

놀라운 사실!
기가노토사우루스는 티렉스보다 훨씬 무거웠지만 턱 힘이 약해서 싸움 실력은 한 수 아래였어.

기가노토사우루스

티라노사우루스 렉스

살토푸스

핵심 정보
몸집이 작은 수각류는 곤충이나 작은 동물들을 잡아먹고 살았어.

벨로키랍토르

갈리미무스

알록달록 트리케라톱스?

공룡의 피부색을 알아내는 건 무척 어려워. 게다가 트리케라톱스의 피부색을 짐작할 수 있는 피부 화석은 아직 발견되지 않았지.

핵심 정보
과학 기술이 발전하면서 잘 보존된 공룡의 피부 화석에서 색소를 찾아내 피부 색깔을 밝혀내기도 해.

요건 몰랐지?
책이나 영화에서 공룡들은 대부분 어두운색으로 나와. 하지만 실제 공룡은 이구아나나 카멜레온 같은 오늘날 파충류처럼 화려한 색을 띠었을지도 몰라.

트리케라톱스의 몸은 무슨 색이었을까? 빨간색? 보라색? 보통 동물의 세계에서 암컷보다 수컷이 좀 더 다채로운 색을 띠어. 트리케라톱스도 그랬을까? 마음껏 상상해 봐!

화려한 무늬의 스피노사우루스?

공룡 몸에 무늬가 있었는지 알아내는 것도 무척 어려워. 무늬가 남아 있는 피부 화석을 발견하는 건 더 어렵거든.

놀라운 사실!
오늘날 지구에는 몸에 줄무늬가 있는 다양한 동물들이 살아. 호랑이, 얼룩말, 얼룩상어까지! 스피노사우루스 몸에도 줄무늬가 있었던 건 아닐까?

깜짝 질문
스피노사우루스의 몸에 젖소 같은 얼룩무늬가 있었다면? 혹시 음매 하고 울었을까?

요건 몰랐지?
치타나 표범 같은 복잡한 무늬나 기린과 비슷한 무늬가 있었을지도 몰라.

줄무늬, 얼룩무늬, 점무늬까지! 오늘날 살아 있는 동물의 무늬가 얼마나 다양한지 생각해 봐. 그중 어떤 무늬도 스피노사우루스의 것이 될 수 있지! 물론 오늘날 동물들에게 없는 아주 독특한 무늬를 가졌을 수도 있고 말이야.

공룡 알 발견!

1923년 몽골에서 공룡 알 화석 한 무더기가 발견되었어. 그런데 주변을 아무리 찾아봐도 새끼 공룡의 뼈는 발견할 수 없었지.

놀라운 사실!
1859년에 한 고생물학자가 프랑스에서 화석이 된 거대한 알을 발견했어. 그런데 고생물학자는 그 알이 악어나 익룡의 알이라고 생각했대. 이런!

고생물학자들은 혼란스러웠어. 빈 알껍데기만으로는 알의 주인이 공룡인지 확신할 수 없었으니까. 이후 공룡 알은 한동안 발견되지 않았어. 60년 뒤 고생물학자 존 호너가 발견하기 전까지는!

존 호너를 소개합니다!

존 호너는 고생물학자 사이에서 아주 유명한 화석 수집가야. 잭 호너라고 많이 불리지. 존은 여섯 살 때 처음으로 공룡의 뼈를 발견했어. 어른이 되어서는 영화 「쥬라기 공원」을 만드는 데 많은 공룡 정보를 주었단다.

새끼 공룡을 찾아라!

1978년, 존 호너는 몇몇 공룡들이 해안가에 머물며 먹이를 잡아먹고 살았다는 점을 떠올렸어. 그러고는 미국 몬태나주의 한 언덕을 파헤쳤지. 1억 5000만 년 전에 그 언덕은 바닷가였거든!

1983년, 마침내 존 호너와 고생물학자들이 14개의 공룡 알과 10여 마리의 새끼 공룡 화석을 발견했어! 결국 존의 생각이 옳았던 거야. 존은 다리가 발달하지 않은 새끼 공룡의 이빨이 닳은 것을 보고 어미 공룡이 새끼를 돌보았다는 것도 증명했어. 그리고 이 공룡에게 '마이아사우라'라고 이름을 붙였단다. '보살피는 어미 도마뱀'이라는 뜻이야.

새끼 공룡의 턱뼈

마이아사우라 배아*

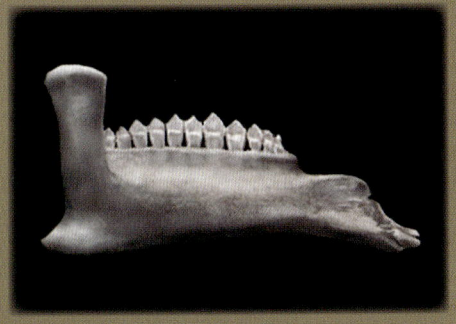

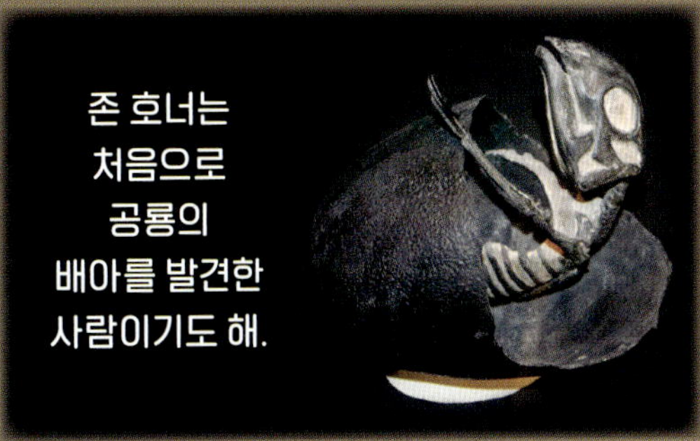

존 호너는 처음으로 공룡의 배아를 발견한 사람이기도 해.

*배아: 수정란이 두 개로 갈라진 후부터 뱃속에 있는 아기를 뜻하는 '태아'로 변하기 직전까지의 상태.

의외의 달리기 선수

무겁고 두터운 네 발 때문에 트리케라톱스가 느릴 거라고 생각한다면 오해야! 의외로 꽤 잘 달린다고! 코뿔소가 전력 질주하면 시속 48킬로미터까지 속도를 내는데 트리케라톱스는 코뿔소의 딱 절반, 시속 24킬로미터로 달릴 수 있지. 사람이 자전거를 타고 달리는 속도보다 빠른 거야!

쿵쿵, 공룡 발자국

오늘날 우리는 공룡 발자국을 어떻게 볼 수 있는 걸까? 먼 옛날, 공룡이 걸어 다니며 진흙이나 점토로 된 땅에 남긴 발자국에 퇴적물이 쌓이고 바위처럼 딱딱해졌기 때문이야. 2008년, 우리나라 창원에서는 트리케라톱스 발자국이 30개나 발견됐어.

기본기 다지기
공룡 발자국처럼 생물이 생활한 흔적이 남아 있는 화석을 '생흔 화석'이라고 해.

스피노사우루스의 스피드

오늘날 두 발로 걷는 동물 중에 가장 빠른 녀석은 타조야. 무려 시속 72킬로미터로 전력 질주할 수 있지. 스피노사우루스는 시속 24~32킬로미터로 달릴 수 있어. 훗, 그래도 트리케라톱스보다 빠르군.

꼬리 흔적은 어디에?

공룡 발자국은 있는데 왜 꼬리가 움직인 흔적은 없을까? 잘 봐. 공룡 발자국 주변에 줄이 보이지 않고 깨끗하지? 이건 공룡이 걸어 다닐 때 꼬리를 땅에 끌지 않았다는 걸 뜻해.

핵심 정보
스피노사우루스도 긴 꼬리를 땅에 끌지 않고 들고 다니면서 몸의 균형을 잡았어.

단단한 방어 무기

트리케라톱스에게는 아무리 사나운 공룡이 공격해도 쉽게 쓰러지지 않는 강력한 방어 무기가 있어. 뭔지 구경해 볼래?

핵심 정보
몸을 보호해 주는 방패 같은 단단한 프릴과 거대한 세 개의 뿔!

핵심 정보
적이 아무리 거세게 들이받아도 굳건히 버티는 튼튼한 네 개의 다리!

대단한 공격 무기

스피노사우루스의 공격 무기도 만만치 않아.

핵심 정보
뾰족하고 날카로운 이빨이 빽빽한 긴 턱.

핵심 정보
긴 갈고리발톱이 달린 발과 적을 후려치거나 수영할 때 쓰는 긴 꼬리.

최강 공룡 대결!

우적우적 쩝쩝, 트리케라톱스가 바닷가에서 풀을 뜯어먹느라 바빠. 근처 바다에서 스피노사우루스가 먹잇감을 찾아다니고 있는 것도 몰랐지. 마침내 멀찍이서 두 공룡이 서로 눈을 마주쳤어. 트리케라톱스는 깜짝 놀라 슬슬 뒷걸음질 쳤단다.

우적우적

스피노사우루스는 물고기 사냥에 실패해서 무척 배가 고팠어. 마침 나타난 트리케라톱스가 얼마나 반가웠는지 스피노사우루스는 트리케라톱스를 덮치려고 다다다다 뛰어갔어. 엄마야! 트리케라톱스도 냅다 달렸어. 스피노사우루스와 맞서 싸우고 싶지 않았거든.

스피노사우루스는 금세 트리케라톱스를 따라잡았어. 그러고는 트리케라톱스의 꼬리를 콱 물었지.

쭈—욱

두둥, 마침내 트리케라톱스가 몸을 돌려 스피노사우루스와 마주 섰어. 더 이상 도망가는 건 무리라고 생각했나 봐. 서로를 노려보는 둘의 눈빛에서 불꽃이 튈 것 같았어.

파바박

쿵! 트리케라톱스가 먼저 거대한 뿔로 스피노사우루스를 들이받았어! 드디어 싸움이 시작된 거야!

스피노사우루스는 갑자기 치고 들어온 뿔 공격에 어질어질했지만 순순히 물러서지 않았어. 기다란 입을 쩍 벌려 날카로운 이빨로 트리케라톱스의 프릴을 덥석 물어 버렸지. 끄악! 트리케라톱스가 괴로워서 비명을 질렀어.

콰과과과광! 이게 무슨 일이야? 갑자기 땅이 흔들리면서 엄청난 폭발 소리가 울려 퍼졌어. 근처 화산에서는 용암이 솟구쳤지. 하늘에서 화산재가 떨어지고 사방은 온통 연기로 자욱해졌어. 도저히 앞이 안 보여서 무슨 일이 일어나는지 알 수 없을 정도였지.

화산재는 폭포수처럼 계속 쏟아졌고, 땅 위로는 용암이 콸콸 흘러 넘쳤어. 두 공룡은 순식간에 화산재와 용암에 파묻히고 말았단다. 그래서 누가 이겼냐고?

1억 년 후, 공룡 화석 발굴 현장! 트리케라톱스와 스피노사우루스가 싸우던 바로 그 자리야. 과연 둘 가운데 누가 이겼을까? 다음 페이지를 확인해 봐!

네가 보기엔 누가 이긴 것 같아? 힌트! 트리케라톱스 뿔이 어디를 뚫고 지나갔는지 봐!

누가 더 유리할까?

아래 체크 리스트의 각 항목을 보고, 더 강한 공룡에 체크(v) 표시해 봐!

트리케라톱스		스피노사우루스
☐	몸길이	☐
☐	키	☐
☐	몸무게	☐
☐	머리뼈	☐
☐	뿔 혹은 등뼈	☐
☐	스피드	☐
☐	이빨	☐

★ **찾아보자!** 몸길이 · 키 · 몸무게 50~51쪽, 머리뼈 · 뿔 혹은 등뼈 54~55쪽, 스피드 62~63쪽, 이빨 64~65쪽

참고하기

★ 49쪽 화석 발굴 도구의 쓰임

단단한 땅을 파는 도구
1. 스케일러: 원래 치과에서 치아를 치료할 때 쓰는 도구예요. 화석이 상하지 않도록 화석에 붙은 흙이나 암석을 떼어 낼 때 사용해요. / 2. 작은 곡괭이 ~ 3. 곡괭이: 암석으로 덮인 단단한 땅을 내리찍을 때 써요. / 4. 지질 망치: 단단한 암석을 쪼갤 때 쓰는 도구예요. 끝이 뾰족한 부분으로 암석의 빈틈을 내리찍으면 암석이 쪼개져요.

흙을 퍼내는 도구
5. 모종삽 ~ 6. 삽: 적은 양의 흙을 퍼낼 때는 모종삽을, 많은 양의 흙을 떠서 퍼야 할 때는 삽을 써요.

흙을 털어 내는 도구
7. 페인트 붓 ~ 10. 칫솔: 화석에 묻은 흙을 털어 낼 때 써요. 화석에 붙은 흙을 긁어서 털어 내야 할 때는 철사로 만든 솔이 유용해요. 작고 훼손되기 쉬운 화석에 묻은 흙을 털어 낼 때는 칫솔을 사용해요.

관찰 도구
11. 공책과 필기도구: 화석 관찰 내용을 기록할 때 필요해요. / 12. 양동이: 화석 발굴 도구들을 담아요. / 13. 체: 흙을 파다가 발견한 화석을 삽으로 떠서 체에 올려놓으면 체 아래로 흙이 걸러지고, 체 위에는 화석만 남아요. / 14. 줄자: 화석의 크기를 잴 때 사용해요. / 15. 실, 말뚝: 화석 발굴 현장을 표시할 때 사용해요. / 16. 돋보기: 작은 것을 크게 보는 데 사용하는 볼록렌즈로, 작은 화석을 관찰할 때 써요. / 17. 확대경: 눈으로 자세히 볼 수 없는 미세한 부분을 관찰할 때 쓰는 휴대용 돋보기예요. 루페라고도 해요. / 18. 카메라: 화석 발굴 현장이나 발굴한 화석을 사진으로 찍어서 남겨요.

지은이 **제리 팔로타**

미국 매사추세츠주 페가티 비치에서 72명의 사촌들과 함께 지내며 어린 시절을 보냈다. 어른이 되어서는 30년 넘게 어린이책 작가로 활동하며, 90권 이상의 책을 썼다. 쓴 책 중에 「누가 이길까?(Who Would Win?)」 시리즈를 가장 좋아한다.

그린이 **롭 볼스터**

풍경과 사물을 매우 사실적으로 그리는 예술가이자 전문 일러스트레이터. 미국 로드아일랜드 디자인스쿨을 졸업하고 20년 넘게 일러스트레이터로 일하고 있다. 지금은 미국 매사추세츠주 보스턴 근처에서 유화를 그리며 지낸다.

옮긴이 **조은영**

어려운 과학책은 쉽게, 쉬운 과학책은 재미있게 옮기려는 과학도서 전문 번역가. 서울대학교 생물학과를 졸업하고, 같은 대학교 천연물대학원과 미국 조지아대학교에서 석사 학위를 받았다. 옮긴 책으로는 자연 다큐 백과 『곤충과 거미』, 『공룡과 화석』, 『상어』, 『10퍼센트 인간』, 『유리병 속의 생태계』, 『코드 브레이커』, 『생물의 이름에는 이야기가 있다』, 『랜들 먼로의 친절한 과학 그림책』, 『세상에 나쁜 곤충은 없다』, 『이토록 멋진 곤충』과 「영국 자연사박물관의 애니멀 타임스」 시리즈 등이 있다.

사진 저작권

page 12: © Peter Larson / Corbis, Black Hills Institute of Geological Research, Inc., Hill City, South Dakota; page 13: © Louie Psihoyos / Corbis; page 14: © Ethan Miller / Getty Images; page 15: © Thierry Hubin, courtesy of Royal Belgian Institute of Natural Science Museum, Brussels; page 16: © Louie Psihoyos / Science Faction; page 17: © Barbara Strnadova / Photo Researchers, Inc. page 46: © Ulrich Joger from an expedition sponsored by the Braunschweig (Germany) National History Museum in Niger, 2006; page 47: © Nigel Roddis/Reuters/Corbis Images; page 54: © The Natural History Museum/The Image Works; page 55: © Bao Dandan/Xinhua Press/Corbis Images; page 60: © xijian/iStockphoto; page 61 top: © Mengzhang/Dreamstime; page 61 bottom right: © Tim Evanson/Flickr with permission from Jack Horner, Museum of the Rockies.

티라노사우루스 렉스 vs 벨로키랍토르
또 하나의 대결 트리케라톱스 vs 스피노사우루스

1판 1쇄 펴냄-2023년 1월 4일, 1판 2쇄 펴냄-2025년 5월 14일

글쓴이 제리 팔로타 그린이 롭 볼스터 옮긴이 조은영 펴낸이 박상희 편집장 전지선 편집 이혜진 디자인 김성령
펴낸곳 (주)비룡소 출판등록 1994. 3. 17.(제16-849호) 주소 06027 서울시 강남구 도산대로1길 62 강남출판문화센터 4층
전화 02)515-2000 팩스 02)515-2007 홈페이지 www.bir.co.kr

제품명 어린이용 각양장 도서 제조자명 (주)비룡소 제조국명 대한민국 사용연령 3세 이상

WHO WOULD WIN? : TYRANNOSAURUS REX VS VELOCIRAPTOR
Text Copyright © 2010 by Jerry Pallotta
Illustration Copyright © 2010 by Rob Bolster

WHO WOULD WIN? : TRICERATOPS VS SPINOSAURUS
Text Copyright © 2016 by Jerry Pallotta
Illustration Copyright © 2016 by Rob Bolster

All rights reserved.

Korean Translation Copyright © 2023 by BIR Publishing Co., Ltd.
This Korean translation edition is published by arrangement with Scholastic Inc.,
557 Broadway, New York, NY 10012, USA through KCC(Korea Copyright Center Inc.), Seoul.

이 책의 한국어판 저작권은 ㈜한국저작권센터(KCC)를 통해 저작권사와 독점 계약한 (주)비룡소에 있습니다.
저작권법에 의해 한국 내에서 보호를 받는 저작물이므로 무단전재와 무단복제를 금합니다.

ISBN 978-89-491-3304-1 74400 / 978-89-491-3300-3(세트)

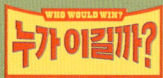 제리 팔로타 글 · 롭 볼스터 그림 | 신인수 외 옮김

숨 막히는 대결로 이루어진 짜릿한 동물도감!

- 사자 vs 호랑이 / 재규어 vs 스컹크
- 고래 vs 대왕오징어 / 범고래 vs 백상아리
- 악어 vs 비단구렁이 / 코모도왕도마뱀 vs 킹코브라
- 티라노사우루스 렉스 vs 벨로키랍토르 / 트리케라톱스 vs 스피노사우루스
- 북극곰 vs 회색곰 / 방울뱀 vs 뱀잡이수리
- 타란툴라 vs 전갈 / 말벌 vs 쌍살벌
- 바다코끼리 vs 코끼리바다물범 / 바닷가재 vs 게
- **최강전: 정글 동물 편** / **최강전: 곤충과 거미 편**
- **최강전: 바다 동물 편** / **최강전: 바다 상어 편**
- **최강전: 공룡 편** / **최강전: 파충류 편**
- **최강전: 공포의 작은 상어 편** / **최강전: 익룡 편**